LE
VADE-MECUM
DES MINISTRES,

TIRÉ DE FÉNELON.

Ceux qui disent au méchant : Vous êtes
juste, seront maudits des peuples et
détestés des nations : ceux, au contraire, qui le reprennent, en seront
loués, et la bénédiction descendra sur
eux.

SALOMON, *chap XXIV, v. 24 et 25.*

PARIS,

CHEZ LES MARCHANDS DE NOUVEAUTÉS,

AU PALAIS-ROYAL.

1826

PARIS, IMPRIMERIE DE DECOURCHANT,
SUCC. DE LEBEL,
Rue d'Erfurth, n° 1.

PETITE PRÉFACE.

Les grands hommes ne travaillent pas seulement pour leur siècle; ils veulent étendre leurs bienfaits jusqu'à la dernière postérité. Ils descendent dans la profondeur du cœur humain, ils l'étudient entièrement, et les leçons qu'ils y puisent sont applicables dans tous les temps, parce que la nature de l'homme ne change point, et que les mêmes causes produisent toujours les mêmes effets.

Il est curieux de voir comment

l'immortel Fénelon traçait dans ses ouvrages les portraits des différens ministres qu'il avait en vue, et qu'il cachait sous des allégories et des noms empruntés. Leur ressemblance avec la généralité des hommes en place de tous les temps et de tous les pays est si frappante, que nous avons cru devoir les mettre sous les yeux du public; persuadés qu'il ne nous saura pas mauvais gré de lui avoir présenté ce spectacle innocent.

LE

VADE-MECUM

DES MINISTRES.

LE MINISTRE AMBITIEUX.

>―●―◦―●―<

Dolope était un flatteur insinuant, sachant s'accommoder à tous les goûts et à toutes les inclinations des princes, inventif et industrieux pour trouver de nouveaux moyens de leur plaire. A l'entendre, rien n'était jamais difficile. Lui demandait-on son avis, il devinait celui qui serait le plus agréable. Il etait plaisant, railleur contre les faibles, complaisant pour ceux qui etaient d'une humeur enjouée : il ne lui coûtait rien de prendre toutes sortes de formes.

LE MINISTRE SINCÈRE.

Je suppose que le ministre Philoclès est effectivement sec et austère : son austérité ne vaut-elle pas mieux que la flatterie pernicieuse des autres conseillers ? Où trouvera-t-on un homme sans défaut ? et le defaut de dire à un prince trop hardiment la verité, n'est-il pas celui qu'ils doivent le moins craindre ? Que dis-je ! n'est-ce pas un défaut nécessaire pour corriger les leurs, et pour vaincre le dégoût de la vérité où la flatterie les fait tomber. Il leur faut un homme qui n'aime que la vérité, qui la leur dise malgré eux ; et cet homme nécessaire, c'est le ministre Philoclès.

LE MINISTRE VAIN.

Le ministre Protésilas a une maison moins grande que celle du roi, mais plus commode et plus riante : l'architecture est du meilleur goût. Protesilas l'a ornée avec une dépense tirée du sang des misérables. Il est souvent dans un salon de marbre, couché négligemment sur un lit de pour pre avec une broderie d'or ; il s'y delasse de ses travaux : ses yeux et ses sourcils montrent je ne sais quoi d'agité, de sombre et de farouche. Les plus grands de l'État sont autour de lui, composant leur visage sur celui de Protésilas, dont ils observent jusqu'au moindre clin d'œil. A peine ouvre-t-il la bouche que tout le monde se récrie pour admirer ce qu'il va dire. Un des principaux de la troupe lui raconte avec des exagerations ridicules ce que Protésilas lui-même a fait pour le roi. Un autre lui assure que Jupiter, ayant trompé sa mère, lui a donné la vie, et qu'il est fils du père des Dieux. Un poète lui récite des vers, où il assure que Protésilas, instruit par les Muses, a égalé Apollon par tous les ouvrages d'esprit. Un autre poète, encore plus lâche et plus impudent, l'appelle dans ses vers l'inventeur des beaux-arts et le père des peuples, qu'il rend heureux ; il le depeint tenant en main la corne d'abondance.

Protésilas écoute toutes ces louanges d'un air sec, distrait et dédaigneux, comme un homme qui sait bien qu'il en mérite encore de plus grandes, et qui fait trop de grâce de se laisser louer. Quelquefois un flatteur prend la liberté de lui dire à l'oreille quelque chose de plaisant sur ceux qui prétendent *critiquer son administration;* alors Protésilas sourit, et toute l'assemblée en fait autant, quoique la plupart ne sachent pas ce qu'on lui a dit. Protésilas reprenant bientôt son air sévère et hautain, chacun rentre dans la crainte et dans le silence.

LE MINISTRE PUISSANT.

PLUSIEURS cherchent le moment où le ministre Protésilas pourra se retourner vers eux et les écouter : ils paraissent émus et embarrassés ; c'est qu'ils ont à lui demander des grâces : leurs postures suppliantes parlent pour eux ; ils paraissent aussi soumis qu'une mère au pied des autels, lorsqu'elle demande aux dieux la guérison de son fils unique : tous paraissent contens, attendris, pleins d'admiration pour Protésilas, quoique tous aient contre lui, dans le cœur, une rage implacable.

LE MINISTRE DISGRÁCIÉ.

En apprenant l'ordre qui lui retirait les faveurs du roi, le ministre Protésilas perd toute son arrogance. Le voilà qui se jette tremblant et troublé aux pieds de celui qui lui succède ; il pleure, il hésite, il bégaie, il tremble, il embrasse les genoux de cet homme qu'il ne daignait pas , une heure auparavant, honorer d'un de ses régards. Tous ceux qui l'encensaient, le voyant perdu sans ressource, changent leurs flatteries en des insultes sans pitié.

LE MINISTRE INTRIGANT.

UNE fois qu'un prince est livré à des
ministres qui ont l'art de se rendre nécessaires, il ne peut plus esperer aucune liberté ; en vain découvrirait-il toute la
fausseté, toute la noirceur de leur âme,
même après avoir reconnu leur mauvaise
foi. Il s'embarrasserait peu de rompre des
liens qui le tiennent attaché à leur char ;
mais l'expérience qu'il a des hommes corrompus ne sert qu'à le rendre défiant, et il
s'imagine qu'en se retirant des mains d'un
homme trompeur et méchant, il tombe-
rait dans celles d'un autre aussi perfide.

ROIS PUNIS

POUR LES FAUTES DE LEURS MINISTRES.

PLUSIEURS rois sont condamnés au Tartare, pour s'être laissé gouverner par des hommes méchans et artificieux. Ils sont punis pour les maux qu'ils ont laissé faire par leur autorité.

LE MINISTRE HYPOCRITE.

SACHEZ que les méchans ministres ne sont point des hommes incapables de faire le bien : ils le font indifféremment, de même que le mal, quand il peut servir à leur ambition. Le mal ne leur coûte rien à faire, parce qu'aucun sentiment de bonté, ni aucun principe de vertu ne les retient ; mais aussi ils font le bien sans peine, parce que leur corruption les porte à le faire pour paraître bons, et pour tromper le reste des hommes. A proprement parler, ils ne sont pas capables de la vertu, quoiqu'ils paraissent la pratiquer ; mais ils sont capables d'ajouter a tous leurs autres vices le plus horrible de tous, qui est l'hypocrisie.

LE MINISTRE ENVIEUX.

Le ministre Marsias, jaloux du credit de son collègue Teros, usa d'artifices pour le perdre. Il persuada insensiblement au roi que c'était un esprit chagrin et superbe qui critiquait toutes ses actions, qui ne lui demandait rien, parce qu'il avait la fierté de ne vouloir rien tenir de lui, et d'aspirer à la réputation d'un homme qui est au-dessus de tous les honneurs : il ajouta que Teros, qui lui parlait si librement sur ses défauts, en parlait aux autres avec la même liberté; qu'il laissait entendre qu'il n'estimait guère le roi; et qu'en rabaiss   sa reputation, il voulait, p   l'eclat d'une vertu austère, s'ouvrir le ꞓemin à la plus aute domination.

2

LE MINISTRE DÉCHU

DE POUVOIR.

QUAND un ministre pousse jusqu'à l'excès sa puissance monstrueuse, il lasse le prince et le peuple. Le coup part, et l'idole est foulée aux pieds. Le mépris, la haine, la crainte, le ressentiment, la défiance, en un mot, toutes les passions, se réunissent contre lui. Aucun ne daigne alors ni l'excuser, ni le défendre contre ses ennemis.

LE MINISTRE INCAPABLE.

Plus on a besoin d'hommes a qui on confie l'autorité, plus on est exposé à se tromper dans de tels choix. La condition privée, quand on joint un peu d'esprit pour bien parler, couvre tous les defauts naturels, relève des talens éblouissans, et fait paraître un homme digne de toutes les places dont il est éloigné. Mais c'est l'autorité qui met tous les talens à une rude epreuve, et qui decouvre de grands défauts.

La grandeur est comme certains verres, qui grossissent tous les objets. Tous les defauts paraissent croître dans ces hautes places, ou les moindres choses ont de grandes consequences, et où les plus legères fautes ont de violens contre-coups.

MALHEUR D'UN ROI

TROMPÉ PAR SES MINISTRES.

HEUREUX le roi qui est soutenu par de sages conseils! Un ami sage et fidèle vaut mieux à un roi que des armées victorieuses. Mais doublement heureux le roi qui sent son bonheur, et qui sait en profiter par le bon ouvrage des sages conseils! Car souvent il arrive qu'on eloigne de sa confiance les hommes sages et vertueux dont on craint la vertu, pour prêter l'oreille à des flatteurs dont on ne craint point la trahison.

LE MINISTRE MÉCHANT.

Le ministre Métophis avait l'âme aussi corrompue et aussi artificieuse que le roi Sésostris était sincère et généreux. Il n'interrogeait ceux qu'on adressait a son tribunal, que pour tâcher de les surprendre et de les faire tomber en contradiction.

Hélas ! à quoi les rois sont exposés ! les plus sages même sont souvent surpris. Des hommes artificieux et intéressés les environnent. Les bons se retirent, parce qu'ils ne sont ni empresses, ni flatteurs ; les bons attendent qu'on les cherche, et les princes ne savent guère les aller chercher; au contraire, les méchans sont hardis, trompeurs, empresses à s'insinuer et à plaire, adroits à dissimuler, prêts à tout faire contre l'honneur et la conscience pour contenter les passions de celui qui règne. Oh! que les rois sont malheureux d'être exposés aux artifices des méchans ministres! Et les peuples, que n'ont-ils pas à souffrir de leur mauvaise administration?

PUNITION

D'UN MÉCHANT MINISTRE.

Le roi découvrit que Métophis l'avait trompé par avarice : il le condamna à une prison perpétuelle, et lui ôta toutes les richesses qu'il possedait injustement. Sous les apparences de l'amour du roi, il n'avait aimé que les richesses qu'il lui donnait, et pour les obtenir, souvent il s'était servi de la trahison.

CHOIX DES MINISTRES.

LE défaut des princes trop faciles et inappliqués est de se livrer avec une aveugle confiance à des ministres artificieux et corrompus..... Cependant ils ne sauraient trop réfléchir sur cet acte de leur pouvoir. Ils ne devraient confier, par exemple, l'administration de la justice, le glaive de la législation, qu'à des hommes dont on a éprouvé la vertu, dont les lumières sont connues, dont la probité est respectee; et si, parmi ceux qu'il a choisis, il s'en trouve qui s'ecartent de leur devoir et qui manquent à l'honnêteté et à la decence, il doit les punir avec d'autant plus de sévérité, que leur emploi exige d'eux plus de sagesse et de vertu.

LE MINISTRE AMI DES ARTS.

QUAND un ministre recompense bien ceux qui excellent dans les arts, il est sûr d'avoir bientôt des hommes qui les mènent à leur dernière perfection; quand il traite avec honneur tous ceux qui réussissent dans les arts et dans les sciences utiles, la patrie devient bientôt florissante. Il faut faire trouver aux hommes leur avantage dans les choses où l'on veut se servir de leur industrie.

ROIS

QUI SE LAISSENT ASSERVIR PAR UN MINISTRE.

UNE fois que les princes se sont livrés à des hommes corrompus et hardis, qui ont l'art de se rendre nécessaires, ils ne peuvent plus espérer aucune liberté. Ceux qu'ils méprisent le plus sont ceux qu'ils traitent le mieux et qu'ils comblent de bienfaits. Ils ont horreur de leurs ministres, et ils leur laissent toute l'autorité. Etrange illusion ! Ils sont flattés de les connaître, et ils n'ont pas la force de reprendre l'autorite qu'ils leur ont abandonnée ; d'ailleurs

ils les trouvent commodes, complaisans,
industrieux pour flatter leurs passions, ar-
dens pour leurs intérêts, et ils les conser-
vent faute d'avoir su choisir des gens de
bien qui conduisent leurs affaires; ils s'i-
maginent qu'il n'y en a plus sur la terre,
et que la probité est un beau fantôme.
Qu'importe, disent-ils, de faire un grand
éclat pour sortir des mains d'un homme
corrompu et pour tomber dans celles de
quelque autre qui ne sera ni plus désinte-
ressé, ni plus sincère que lui !

MINISTRES HUMILIÉS.

Les ministres insolens pendant la prosperité sont toujours faibles et tremblans dans la disgrâce. La tête leur tourne aussitôt que l'autorité absolue leur échappe. On les voit aussi rampans qu'ils ont eté hautains ; et c'est en un moment qu'ils passent d'une extrémité à l'autre.

●◆●◆●◆●◆●◆●◆●◆●◆●◆●◆●◆●◆●◆●◆●◆●◆●◆●◆●◆●●
·

RELATIONS D'UN BON ROI

AVEC SES MINISTRES ET SES SUJETS.

⋙⋗◀⋘

Baleazar s'applique à faire refleurir le commerce qui languissait tous les jours de plus en plus. Il prend les conseils d'un sage ministre pour les principales affaires, et n'est pourtant pas gouverné par lui ; car il veut tout voir par lui-même. Il écoute tous les différens avis qu'on veut lui donner, et décide ensuite sur ce qui lui paraît le meilleur. Il est aimé des peuples. En possedant les cœurs, il possède plus de trésors que son père n'en avait amassé par son avarice cruelle ; car il n'y a aucune famille qui ne lui donnât tout ce qu'elle a de biens, s'il se trouvait dans une pressante nécessité. Ainsi, ce qu'il leur laisse est plus à lui que s'il le leur ôtait. Il n'a pas besoin de se precautionner pour la sûreté de sa vie ; car il a toujours autour de lui la plus sûre garde, qui est l'amour du peuple. Il craint de trop charger ses sujets, et ses sujets craignent de ne pas lui offrir une assez grande partie de leurs biens ; il les laisse dans l'abondance, et cette abondance ne les rend ni indociles ni insolens ; car ils sont laborieux, adonnés au commerce, fermes à conserver la pureté des lois et à les observer.